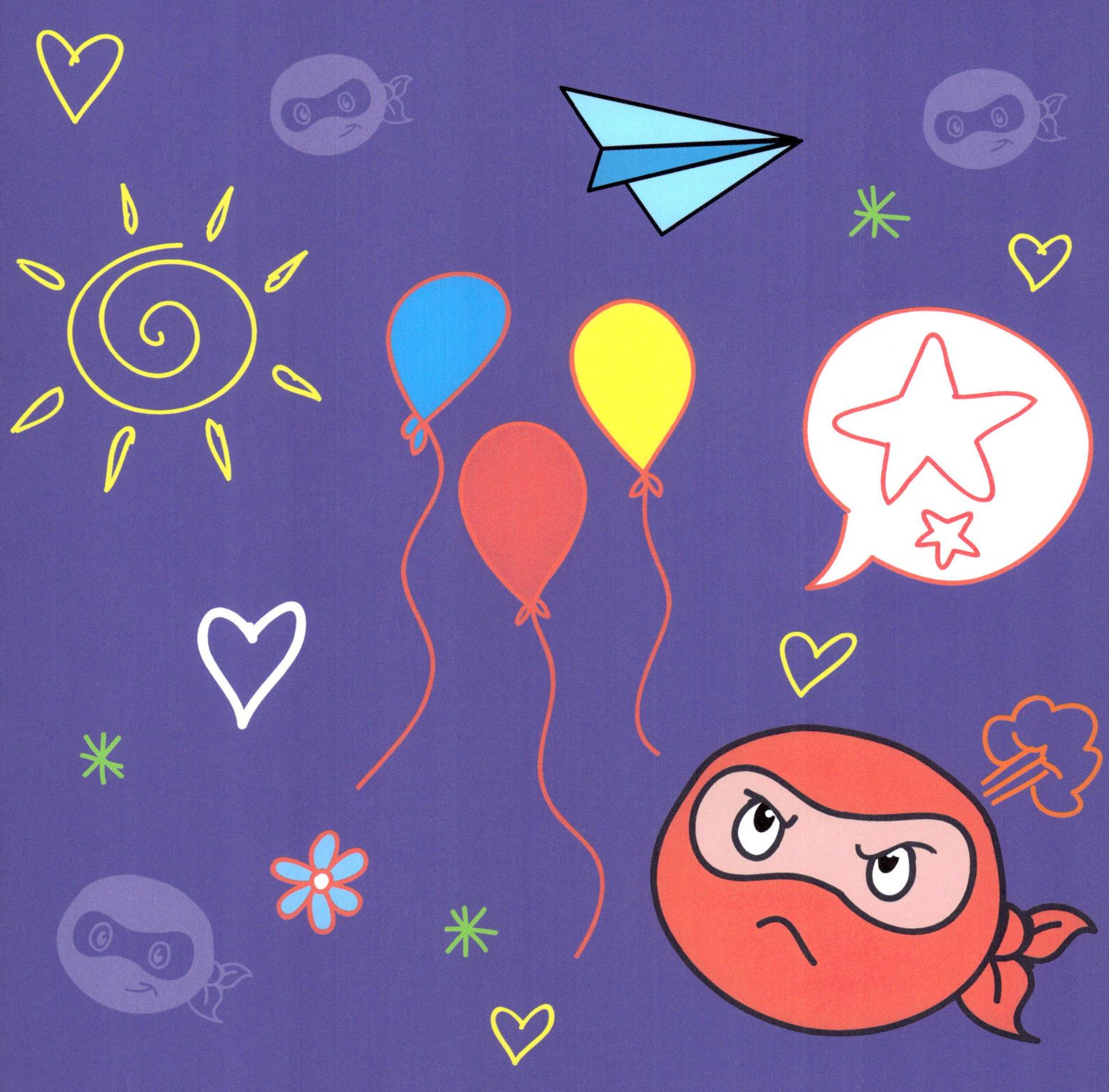

Este libro está dedicado a mis hijos - Mikey, Kobe, y Jojo.
El mindset es todo.

Copyright © 2022 Grow Grit Press LLC. Todos los derechos reservados. Ninguna parte de este libro puede ser reproducida en ninguna forma sin el permiso por escrito de la editorial. Por favor, envíe solicitudes de pedido al por mayor a growgritpress@gmail.com 978-1-63731-669-6 Impreso y encuadernado en los Estados Unidos. NinjaLifeHacks.tv

El Ninja de Mentalidad de Crecimiento

Por Mary Nhin

Yo solía desanimarme, pero ¡encontré una manera de superar los desafíos y ser conocido como el ninja con el cerebro más poderoso!

Antes de desarrollar mi poderoso cerebro, me rendía fácilmente.
¡No entendía que el aprender era la parte divertida!

Me desanimaría fácilmente de mis fracasos...

Cuando no entendía las instrucciones de un juguete nuevo, exclamaría...

Y justo como mi amigo había predicho, ¡El Ninja Audaz ganó el juego difícil!

Lo que se hace es añadir la palabra 'todavía' a todo. Luego, hay que esperar a que la magia suceda en el cerebro.

El poder del TODAVÍA

No sé cómo hacer eso... TODAVÍA.

No puedo hacer eso... TODAVÍA.

No soy bueno en esto... TODAVÍA.

Pensé en esto por un tiempo. Dudé de que agregar solo una pequeña palabra pudiera hacer una diferencia. Decidí intentarlo de todos modos.

Al día siguiente, mi familia estaba disfrutando de nuestro rompecabezas semanal.

¡Me estaba divirtiendo mucho!

Entonces, me quedé perplejo por una pieza. Por costumbre, grité...

¡No puedo entender esto!

Tan pronto como las palabras salieron de mi boca, recordé la magia de la palabra "todavía". Así que lo intenté...

No puedo entender esto... ¡TODAVÍA!

De repente, las nubes se separaron y mi cerebro comenzó a crecer. Estaba haciendo conexiones que no podía ver.

¡Antes de que me diera cuenta, ya había resuelto el rompecabezas por mi cuenta!

¡Debido al **Poder del Todavía**, mi cerebro continúa creciendo!

¡Usar el Poder del Todavía podría ser tu arma secreta para construir un cerebro fuerte!

www.ingramcontent.com/pod-product-compliance
Lightning Source LLC
Chambersburg PA
CBHW041106070526
44583CB00002B/86